PHILIPPE LE BEL

ET OTHON IV

COMTE PALATIN DE BOURGOGNE

MOUVANCE DE LA FRANCHE-COMTÉ

ENVERS L'EMPIRE GERMANIQUE

AU MOYEN ÂGE

PAR

M. FLEURY-BERGIER

BESANÇON

IMPRIMERIE ET LITHOGRAPHIE DE PAUL JACQUIN
14, Grande-Rue, 14

1890

PHILIPPE LE BEL & OTHON IV

COMTE PALATIN DE BOURGOGNE

MOUVANCE DE LA FRANCHE-COMTÉ

ENVERS

L'EMPIRE GERMANIQUE

AU MOYEN AGE

Il a paru cet été (1888), dans la *Bibliothèque de l'Ecole des Chartes*, une étude historique sur la vente ou cession de la Franche-Comté au roi de France Philippe le Bel, par le comte palatin Othon IV. Elle nous avait été signalée par notre ami M. Lorédan Larchey, ancien conservateur de la bibliothèque de l'Arsenal, à Paris. Elle avait pour auteur M. Frantz Funck-Brentano, sous-bibliothécaire à l'Arsenal. Nous l'avons lue avec la curiosité et l'intérêt que nous inspire tout ce qui se rattache à notre pays, sans nous faire embrasser, toutefois, certaines opinions de son auteur, parce qu'elles s'éloignent trop des véritables données de notre histoire provinciale.

Cette lecture a attiré notre attention sur un point capital de notre histoire : un point dont l'influence a été de premier ordre sur les destinées de notre pays. Nous voulons parler de la mouvance du comté de Bourgogne envers l'empire germanique, ce qui a été appelé, mais improprement, la domination allemande en Franche-Comté au moyen âge.

Mais avant d'aborder ce sujet, dont les graves événements militaires de notre temps ont rappelé le souvenir, parlons du comte palatin de Bourgogne, Othon IV, sur l'esprit duquel le roi Philippe le Bel sut acquérir un tel ascendant qu'il l'amena finalement, par des moyens divers, à lui céder à beaux deniers comptants ses Etats héréditaires, la Franche-Comté. Ce qu'il employa, pour cela, d'habileté, de ménagements et de moyens de corruption se conçoit à peine. Son action s'étendit encore sur tous ceux des nobles comtois dont les consciences étaient à vendre. Sa diplomatie en cette circonstance a été admirée par la plupart des historiens, comme s'ils avaient su gré à ce roi d'avoir montré qu'il était, par exception, capable d'une politique de modération et de ménagements ; la vérité est que son règne n'en offre guère d'autre exemple.

En effet, ce règne, si rempli des plus graves événements, nous le montre sous un jour particulier, comme heureusement, dans l'histoire, se font voir peu d'autres souverains. Le premier des rois de France, il met la main sur la fabrication de la monnaie et l'altère au point que le marc d'argent, qui, au commencement de son règne, valait cinquante-cinq sous six deniers, était porté, en 1305, à huit livres dix sous. Tout à la fois juge et bourreau des malheureux Templiers, il fait insulter et outrager un pape à Anagni, en force un autre à venir résider en France, abaissant ainsi la papauté au niveau des intérêts de sa politique.

Dès qu'il eut connu et jugé Othon IV et compris le parti qu'il pouvait en tirer, il ne cessa de le circonvenir, l'attirant à sa cour et lui faisant délaisser celle de l'empereur, son suzerain, contre qui il l'indisposait. Il le combla d'honneurs et de distinctions, remédia à sa pénurie d'argent et lui laissa entrevoir la perspective de lui en accorder davantage ; il mit le comble à sa vanité en lui proposant une alliance entre leurs enfants, alors en bas âge, Philippe et Jeanne.

Le but qu'il poursuivait finit par se dévoiler dans tout son jour au château de Vincennes, où il lui fit successivement signer deux traités, d'abord au mois de février 1295, puis le 2 mars de cette même année. Par le premier, le comte palatin lui abandonnait le gouvernement et la perception des revenus de son comté de Bourgogne ; par le second, il accédait au mariage de leurs enfants, en signait le contrat avec la cession de tous ses domaines, dont il laissait l'administration au roi pendant leur minorité.

En échange de la part plus que léonine faite à ce dernier, le palatin recevait cent mille livres tournois, à peu près de quoi payer ses dettes, plus une rente viagère de dix mille livres. Le roi s'obligeait en outre à doter et à établir convenablement les enfants qui pourraient encore naître du mariage d'Othon avec Mahaut d'Artois. Ce fut ainsi, ajoute M. Funck-Brentano, que, *pour un sac d'écus*, fut vendue et livrée à la France une de ses plus belles provinces.

Ce brillant succès était dû à l'habileté du roi, mais habileté, il faut bien le reconnaître, singulièrement secondée par la détresse financière qu'éprouvait habituellement le palatin, et aussi par son excessive vanité, que flattait au plus haut point cette magnifique alliance. Pour mieux se l'assurer, le comte et sa femme allèrent jusqu'à promettre au roi une chose qu'il ne pouvait dépendre d'eux de lui accorder, car il s'agissait d'obtenir de l'empereur la renonciation à son droit de suzeraineté sur le comté : ce qu'il ne pouvait faire sans l'acquiescement des princes ou de la diète impériale. Ils lui promirent donc « de faire et » procurer à leur povoir, en bonne foy, que le roi d'Alle- » magne ou li emperours quittent à tousiours l'hommaige

» que ils ont ou doibvent avoir au comté de Bour-
» goingne (1). » Cette promesse, qui n'eut pas de suite,
comme nous le verrons, était contenue dans une lettre
datée des vigiles de Pentecôte 1291.

On comprendrait à la rigueur les dispositions du second
traité de Vincennes, s'il n'y avait pas dû survenir d'enfant
mâle au comte Othon. Que sa fille aînée héritât alors de
ses domaines, c'eût été chose légale, puisque, à la différence
du duché de Bourgogne, les femmes, dans le comté, pouvaient hériter des Etats de leur père à défaut d'héritiers
mâles. C'était, du reste, en vertu de ce droit que la fille
unique de Rainaud III avait hérité du comté à la mort de
son père, quoiqu'il existât alors un frère de ce dernier.

Mais l'éventualité de la naissance d'un fils qu'on ne voulait pas prévoir, et sans doute qu'on ne désirait pas, au
moins du côté du roi et des jeunes époux, se présenta
quelques années après, vers 1300. La comtesse palatine
accoucha d'un fils, auquel fut donné le prénom de Robert,
à cause de son aïeul maternel Robert II, comte d'Artois.
Ce malheureux enfant se trouvait déshérité avant de naître :
situation plus qu'étrange, que sa mère au moins devait dé-
plorer amèrement, mais à laquelle, avec un roi comme
Philippe le Bel, il n'y avait pas de remède.

Il y en avait même si peu que le roi, pour empêcher
qu'on n'abusât du nom et de la personne de cet enfant
comme d'un prétendant légitime à l'héritage paternel, le fit
conduire à Paris, où il le garda sous sa main, ainsi que ses
deux sœurs, et le surveilla depuis son palais, lui et son gouverneur. « Quand il fut un peu plus grand, dit le président
» Clerc, il reçut, d'après le traité de Vincennes et sur le
» trésor de France, cinq mille livres de rentes, avec l'obli-
» gation, à sa majorité, d'exécuter ledit traité en ce qui

---

(1) Tiré de l'ancienne Chambre des comptes, aux Archives de la préfecture du Doubs, sous cote B, 773. *Mémoire sur Poligny*, par Chevalier,
ome Ier.

» le concernait. Ce fut là toute sa part de la succession pa-
» ternelle. »

Plus tard il mourut, sans avoir cessé d'être gardé par son royal geôlier. Sa mort put légitimer jusqu'à un certain point la prise de possession du comté par sa sœur, la comtesse Jeanne, et son époux. Dans tous les cas, elle les débarrassa d'un prétendant qui aurait pu un jour leur disputer la couronne dont on l'avait si injustement privé.

Ce fait si étrange d'un prince déshéritant son fils au profit d'un étranger, et le donnant à garder à l'homme le moins intéressé à ce qu'il vécût, nous en rappelle un autre, qui se passait dans le même temps et qui nous montre comment les devoirs et les obligations d'un père ont pu être foulés aux pieds de la façon la plus odieuse et la plus révoltante. Nous voulons parler d'un autre vassal de l'empire, Albert de Saxe, dit le *dépravé*, landgrave de Thuringe, qui osa déshériter ses deux fils légitimes au profit d'un enfant adultérin et chasser indignement du palais sa femme, Marguerite, fille de l'empereur Frédéric II, qui se réfugia à Francfort, où elle mourut de chagrin deux ans après.

Cette infortunée princesse, menacée dans sa vie et obligée de fuir nuitamment, embrassa à la hâte ses deux fils et, dans un transport maternel, mordit à la joue l'aîné, qui fut surnommé, à cause de cet accident, *Frédéric le mordu*. Quant à ce père dénaturé et à cet indigne époux, il trouva sur la fin de sa vie la punition trop méritée de ses crimes. Accablé de revers, vaincu et chassé de la Thuringe, il se retira à Erfurt, où, après avoir vendu à cette ville quelques villages des environs pour subsister, lui et ses domestiques, il acheva sa vie dans une extrême misère, universellement haï et méprisé. Sa mort arriva en 1314. Ses deux fils recouvrèrent son héritage, grâce à la fidélité et au dévouement de leurs sujets.

Mais revenons à la vente du comté par Othon IV : pour expliquer sa conduite en cette circonstance et ce qu'elle offre de particulièrement étrange, on a fait valoir une raison qu'on peut difficilement admettre ; on allègue l'inimitié que lui portaient les empereurs Rodolphe de Habsbourg et Adolphe de Nassau, et son besoin urgent de leur opposer un allié, un défenseur, dans la personne du roi de France.

Mais si on y regarde de près et qu'on veuille reporter la responsabilité de cette inimitié sur qui elle doit peser, on trouvera que le comte s'était attiré, par sa conduite, ce mauvais sentiment de la part des empereurs, ses suzerains. En effet, il n'y a qu'à mettre en regard sa conduite envers l'empire et celle qu'il tenait à l'égard de la France. Il y avait entre elles une différence qui était tout à l'avantage du roi, ce qui était précisément le contraire de ce qui aurait dû être. Avec le roi, il entretenait les relations les plus intimes, plutôt celles d'un courtisan que d'un prince indépendant. Il prenait part à ses guerres, en recevait des honneurs, une aide au besoin dans ses démêlés avec les hauts barons du comté, et des secours dans ses embarras financiers.

Telles n'étaient pas, il s'en fallait, ses relations avec le chef de l'empire ; on ne le voyait point à sa cour, point aux diètes impériales. Bien plus, ses mauvaises dispositions à son égard, encouragées sans doute par le roi, se montraient dans ses efforts pour s'affranchir de sa suzeraineté, efforts renouvelés à deux reprises, mais toujours en vain, car il fut successivement obligé de rendre hommage pour son comté à Rodolphe en 1289, et à l'empereur Adolphe en 1293.

On comprend maintenant l'extrême méfiance des empereurs envers un vassal aussi peu sûr, dont la fidélité ne se soutenait que par la crainte d'une mise au ban de l'empire et d'une exécution militaire, comme celle confiée autrefois au duc de Zæringhen contre le comte Rainaud III.

Leur politique était alors tout indiquée, c'était de susciter, parmi les hauts barons franc-comtois, des adversaires au comte et des ennemis à la France. Leur droit de suzeraineté méconnu justifiait cette politique.

En attendant, voyons ce qu'il advint des auteurs du traité de Vincennes. La satisfaction que Philippe IV tirait des grands succès de sa politique n'était pas telle qu'elle pût effacer de son esprit l'odieux souvenir de l'inconduite de ses belles-filles. Et puis, pouvait-il ne pas entendre les plaintes de ses sujets, qu'il accablait d'impôts et dont il consommait la ruine par son altération des monnaies?

Père de trois fils, il avait dû croire que sa postérité était assise pour longtemps sur le trône de France! Et cependant, ses fils devaient, après lui, mourir jeunes, sans laisser d'héritiers mâles ; ce qui fut un malheur pour la France, car de l'extinction de leur race et du mariage de leur sœur Isabelle avec Edouard II, roi d'Angleterre, naquit la guerre de Cent ans ; les successeurs de ce prince firent remonter à cette reine leurs prétendus droits à la couronne de saint Louis. Voilà comment finit la branche aînée des Capétiens !

Quant au comte palatin, comme il avait vécu au service de la France, il était dans sa destinée d'y mourir. Il y mourut en effet, en 1302, d'une blessure qu'il avait reçue dans un combat près de Cassel, où il commandait un corps de l'armée royale. Si, à son propos, l'on se reporte à l'histoire de la branche cadette de la maison de Bourgogne, de laquelle sortait Othon IV, on la voit, on la surprend — cette branche cadette — toujours aspirant à supplanter son aînée dans la possession du comté, réussissant pour un instant à en dépouiller l'héritière de Rainaud III, troublant par ses intrigues les règnes des trois Othon et suscitant la guerre civile dans le pays. Eh bien ! à peine est-elle arrivée à ses fins, par le mariage de Hugues de Chalon avec Alix de Méranie, qu'elle en vient, pour ainsi dire, à se suicider moralement elle-même dans la personne d'Othon IV. Ce prince, en effet, se dépouille de son vivant de la couronne comtale, en prive son fils et les branches survivantes de sa maison, et la donne ou la vend à une maison étrangère. Cette conduite inqualifiable était indigne de lui, de sa race et de son pays.

Elle ne fut point jugée autrement par la noblesse du comté et, on peut le dire, par la masse de la population franc-comtoise, qui se montrèrent disposés à résister à l'exécution d'un traité aussi préjudiciable aux intérêts du comté et de la maison de Bourgogne. Ce dernier point a particulièrement attiré l'attention de M. Funck Brentano, et c'est avec raison qu'il en a fait le sujet de son étude.

Mais cette résistance, il ne la voit que dans la noblesse et le haut clergé, dont les préférences, dit-il, étaient pour l'empereur, souverain plus accommodant que ne l'était le roi de France, surtout quand ce roi s'appelait Philippe le Bel. Quant à la bourgeoisie et au bas clergé, il nous les représente comme dévoués à la France.

Voyons donc si ces deux classes de la population franc-comtoise étaient aussi françaises de cœur que l'assure notre auteur. Dire comme lui que le roi n'avait qu'un *seul* adversaire, la noblesse franc-comtoise, c'est dire beaucoup, car alors la noblesse, c'était tout, absolument tout; c'était, pour ainsi dire, l'incarnation des forces et de la défense d'un pays. Tout se rattachait à elle ou par des liens de vasselage ou par des liens de protection. Elle avait accordé des franchises communales aux villes et aux bourgs à châteaux, et ce bienfait, encore si récent — car nous sommes à la fin du XIIIe siècle, rattachait la bourgeoisie à la cause de la noblesse.

Quant au bas clergé, qui n'a jamais compté, dans nos Etats modernes, pour ce qu'il est et pour ce qu'il vaut réellement comme force sociale, il comptait encore moins dans un Etat féodal, ou s'il y comptait pour quelque chose, c'était seulement parce qu'il sortait en général des rangs de la petite noblesse, dont la vassalité envers la grande lui faisait un devoir de partager les sentiments et les intérêts.

M. Funck Brentano dit, en parlant de ce clergé, qu'étant issu du peuple, il en *partageait les sympathies pour la France;* nous ne pouvons accorder que le *recrutement* du clergé, pour nous servir de ce mot, se fît alors comme il se fait de nos jours. L'histoire ecclésiastique, notamment celle de Franche-Comté, nous apprend que, dans les premiers temps du moyen âge, la desserte des paroisses se faisait généralement par des moines ; le servage, avec la mainmorte personnelle, se prêtait difficilement aux vocations ecclésiastiques, et, avant lui, l'esclavage s'y prêtait encore moins.

Quand le clergé séculier, devenu assez nombreux au XIIe siècle, put remplacer les moines, alors renvoyés dans leurs couvents, ce fut surtout des rangs de la noblesse inférieure que sortirent les curés et les prêtres pourvus de bénéfices simples ; à la haute noblesse étaient réservées les grandes dignités de l'Eglise. Il n'y a qu'à consulter les actes et les chartes de ces temps anciens, où figurent des curés comme parties contractantes ou comme témoins, on y verra surtout des noms appartenant à la noblesse en question ; nous pourrions en fournir une liste des mieux remplies.

Et d'ailleurs, on se demande quel intérêt ou quel engouement pouvait porter la bourgeoisie et le bas clergé vers la France et son roi, et pourquoi aussi leurs préférences pour sa domination ?.... L'or français — cet argument si puissant, employé quatre siècles après par Louis XIV — ne s'adressait point à eux, mais passait par-dessus leurs têtes, pour aller tomber au milieu des hauts barons du comté, les seuls que la politique du roi cherchait à gagner à sa cause, non toutefois sans réussir à en rallier un certain nombre. Disons encore que si ces deux classes de la population comtoise avaient embrassé le parti français, celui des confédérés eût perdu de sa force en devenant impopulaire, et sa résistance n'eût pas duré cinq ans.

Nous n'entrerons dans aucun détail relatif à cette guerre ;

nos historiens l'ont racontée. Les confédérés avaient à combattre les armes du roi de France et ceux des nobles franccomtois qui avaient embrassé son parti ; ils avaient ou croyaient avoir pour les soutenir dans cette lutte, assez inégale de leur part à cause de la puissance du roi, des promesses de secours de l'empereur Adolphe, et des promesses de subsides du roi d'Angleterre Edouard Ier.

Cette guerre se fit dans de singulières conditions ; des deux côtés, en effet, on se livrait presque uniquement à des ravages qui désolaient le pays. Les confédérés en commettaient dans les domaines du comte et brûlaient les châteaux d'Ornans, de Clerval et la salle de Pontarlier. L'armée du roi et ses alliés comtois ravageaient les terres des confédérés : c'était là, à certains égards, une véritable guerre civile.

Elle dura cinq ans, avons-nous dit, et prit fin devant la lassitude et le découragement des confédérés, qui, se voyant abandonnés par l'Angleterre et n'étant point secourus par l'empereur, se montrèrent disposés à traiter de la paix. C'était le parti que leur commandaient les circonstances, car le roi Edouard avait fait sa paix particulière avec la France, et le nouvel empereur d'Allemagne, Albert d'Autriche, satisfait d'avoir reçu de Philippe le Bel, son ami, l'hommage du comté de Bourgogne, s'était désintéressé de cette guerre et borné seulement à ménager aux parties un armistice qui leur permît de préparer et de signer la paix, ce qui ne tarda pas à arriver.

L'effet des traités fut maintenu ; mais le roi se garda bien d'abuser de sa victoire. Pendant qu'il obligeait les confédérés à rétablir les châteaux qu'ils avaient détruits et à lui prêter hommage lige, il s'engageait, de son côté, à les dédommager des pertes qu'ils avaient subies du fait de ses armes. Puis, poussant plus loin son habile politique, il chercha de nouveau à les gagner par des honneurs et de l'argent ; il s'attacha notamment le principal chef de la confédération, Jean de Chalon-Arlay, en lui donnant une pension annuelle de mille livres sur le trésor de France (*août 1302*).

L'insuccès des confédérés retombait tout entier sur l'abandon de leur cause par l'empire. Adolphe de Nassau n'avait pu leur venir en aide, bien qu'il eût tout d'abord jeté la commise sur le comté et déclaré qu'il était réuni au domaine impérial comme fief vacant. C'est qu'alors il avait sur les bras des embarras, des difficultés sans nombre, et surtout une guerre à soutenir contre son rival, Albert d'Autriche, dans laquelle il devait perdre la vie (1298).

Mais si, au lieu de cet empereur contesté et combattu par une partie de l'empire, il s'était trouvé, sur le trône impérial, un autre Frédéric Barberousse ou même Rodolphe de Habsbourg, jamais Philippe le Bel n'aurait eu la pensée et encore moins l'audace de porter la main sur le comté. S'il put le faire impunément, il ne le dut qu'à l'état de faiblesse et de décadence où était tombé l'empire ensuite de ses interminables querelles avec la papauté et du mode vicieux d'élection des empereurs.

Nous venons de voir comment la Franche-Comté avait passé aux mains du roi de France ; voyons maintenant à quel titre et depuis quand elle a dépendu de l'empire d'Allemagne. C'est là une question que les victoires et l'ambition croissante d'un puissant voisin lui ont fait soulever, au grand étonnement de ceux qu'elle paraît toucher.

Au début de son étude, M. Funck-Brentano constate cette dépendance féodale du comté et la considère comme un facteur important, dont la politique de Philippe le Bel dut tenir compte lors de l'achat de notre province. Charles Duvernoy, dans son *Mémoire* sur cette mouvance, en a donné les preuves tirées des historiens franc-comtois et allemands. Il les eût données encore bien plus explicites et plus directes s'il avait pu les prendre dans les archives d'Allemagne, où elles sont renfermées.

Des deux Bourgognes, le duché était de mouvance française et le comté de mouvance germanique. Nous pouvons le dire dès maintenant, si cette dernière vassalité a contribué, comme cela est incontestable, à faire durer de longs siècles l'autonomie franc-comtoise, elle lui a attiré par contre d'affreuses guerres d'invasions de la part de la puissance à laquelle il eût été heureux pour elle qu'elle appartînt, comme le duché, dès l'origine des fiefs.

Mais remontons à l'origine de la suzeraineté impériale. Le comté faisait partie intégrante du royaume de Bourgogne sous la dynastie Rodolphienne. Il était alors étranger à l'empire allemand, ainsi que tout le reste du royaume. La détermination que prit le roi Rodolphe III de faire don de ses Etats, d'abord à l'empereur Henri en 1016, puis à Conrad II en 1027, était due à son impuissance de remédier au désordre et à l'anarchie qui régnaient dans son royaume. Trop faible d'intelligence et de caractère, il ne pouvait être et n'était en effet que le jouet des grands feudataires de la couronne. Une autre raison non moins déterminante le guidait encore dans cette donation, c'était son étroite parenté avec ces deux princes : le premier était fils d'une de ses sœurs, et le second époux de sa nièce Gisèle.

Cette donation souleva une tempête de colère et d'indignation parmi les grands du royaume et leur mit les armes à la main. Ils ne pouvaient se faire à l'idée qu'ils eussent désormais à obéir à un maître aussi puissant que l'empereur; mais le sort des armes tourna contre eux et ils furent obligés de se soumettre. Le premier de nos comtes héréditaires, Othon-Guillaume, fut du nombre des opposants et partant des vaincus; il dut à la fin se reconnaître vassal de l'empire.

Son fils Rainaud Ier voulut renouveler la tentative de s'affranchir de cette mouvance; mais, comme son père, il fut contraint par les armes à prêter hommage à l'empereur Henri III. Ses successeurs s'acquittèrent de ce devoir féodal, à l'exception de Rainaud III, qui allégua, pour s'en dispenser, que l'empereur Lothaire, étant étranger à la maison de Franconie, donataire du royaume de Bourgogne, il ne pouvait exiger l'hommage du comté. Ce refus devait amener la guerre. L'empereur le mit au ban de l'empire et donna ses Etats au duc Conrad de Zæringhen, oncle du dernier comte de Bourgogne, Guillaume l'Enfant. Les hostilités qui s'ensuivirent tournèrent au désavantage de Rainaud; Conrad lui enleva ses possessions transjuranes et lui-même tomba au pouvoir de ses ennemis. Il fut conduit à Strasbourg, où son attitude devant l'empereur et les princes de l'empire fut pleine de dignité. Il se soumit, obtint sa réconciliation et rentra dans son comté.

A la mort de Lothaire, en 1137, il renouvela, sous le même prétexte, son refus de prêter hommage au nouvel empereur, Conrad III de Hohenstauffen. Ce prince usa des mêmes rigueurs envers lui que l'avait fait son prédécesseur, et chargea de l'exécution de sa sentence le duc de Zæringhen. Mais cette fois, Rainaud III fut plus heureux dans sa défense; il réussit à garder son comté et il put mourir sans avoir fait acte de vassal, mais toutefois sans avoir recouvré ses possessions d'au delà du Jura.

L'histoire des fiefs nous offre de nombreux cas du genre de celui du comte Rainaud, où le vassal, pour motiver son refus de l'hommage, allègue, tantôt que l'extinction de la mouvance doit suivre celle de la famille à qui le fief a été donné; tantôt qu'il s'agit, non d'un fief, mais d'un franc-alleu indûment qualifié et traité de fief mouvant; tantôt que le fief est masculin ou féminin, suivant qu'il y a intérêt à en évincer l'héritière ou l'héritier présumé.

Pour le cas en particulier de Rainaud III, son refus de s'avouer vassal de l'empire ne pouvait se soutenir en droit féodal. En France, par exemple, les duchés, les comtés échus ou arrivés aux rois par mariages, successions ou donations, restaient unis à la couronne royale; autrement on ne s'expliquerait pas la formation et l'unité de ce royaume. — Il en a été de même en Allemagne pour le royaume de Bourgogne, pour la Bohême et bien d'autres pays. Conrad II ayant obtenu les Etats de Rodolphe III tant par donation que par son mariage avec la fille de ce roi, il les *annexa à l'empire*, dit Pufendorf. Pendant quatre règnes d'empereurs — de *Conrad II à Henri V* — cet hommage fut rendu librement par cinq de nos comtes et contesté seulement par deux au début de l'annexion du royaume à l'empire, puis, par le comte Rainaud III à l'avènement des empereurs Lothaire et Conrad III ; on sait les motifs de cette dernière contestation. Il fut encore contesté par le comte palatin Othon IV, qui prétendit que le comté *n'était pas d'empire*, oubliant à ce propos ce que ses prédécesseurs avaient fait à cet égard, les uns librement, les autres contraints par la force. Après lui, l'hommage fut constamment prêté, même par les ducs de Bourgogne ; puis vint la maison d'Autriche.

Mais encore une observation à propos de Rainaud III. Dans ses efforts répétés pour se soustraire à la suzeraineté impériale, il ne pouvait prévoir que ce serait à elle, uniquement à elle, que sa fille Béatrix, son unique héritière, demeurée orpheline, dépouillée de son héritage et renfermée dans une tour par son oncle et tuteur, devrait un jour sa délivrance et la restitution de son patrimoine.

A Conrad III avait succédé son neveu Frédéric Barberousse. Ce prince, instruit de la captivité de la fille d'un vassal de l'empire, résolut de lui rendre la liberté. Il mit le comte Guillaume au ban de l'empire et s'allia avec le duc Berthold de Zæringhen, et tous les deux envahirent le comté de Bourgogne ; la jeune princesse fut délivrée et devint bientôt l'épouse de Frédéric. Que serait-il advenu d'elle sans la suzeraineté impériale ? une victime de l'ambition de son oncle, un crime impuni !

Le mariage de Frédéric avec l'héritière du comté réunit

dans la personne de ce prince la souveraineté à la suzeraineté ; il exerça tout à la fois l'une et l'autre, comme comte de Bourgogne et comme chef de l'empire. Son règne fut une époque glorieuse pour notre pays ; il y fit régner l'ordre et la paix, ce qui était le plus grand bien qu'on pût alors demander à un souverain, et celui qui résumait tous les désirs que pouvaient former ses sujets. Tous nos historiens sont d'accord pour louer ce prince, et l'un d'eux, Dunod, dit en parlant de lui : « *Il nous aimait et nous protégeait*, sa mémoire nous est chère. » Il en a été de son règne en Franche-Comté comme de celui de Charles-Quint, l'un et l'autre empereurs et comtes de Bourgogne. Ces deux princes sont restés les plus populaires de nos souverains, ceux qui ont le plus aimé et le mieux gouverné notre pays.

A la mort de l'impératrice Béatrix, en 1185, le comté échut à son fils Othon Ier, qui prit le titre de *Palatin*, sans doute à cause de sa naissance dans le palais impérial. Il mourut jeune, laissant pour héritière sa fille Béatrix, mariée depuis à Othon II, duc de Méranie. Celui-ci, à son décès en 1234, laissa le comté à son fils Othon III ; il avait marié une de ses filles, Alix, à Hugues de Chalon, qui succéda à son beau-frère en 1248.

Ces trois comtes d'origine allemande, résidant presque toujours en Allemagne et vivant dans la familiarité des empereurs, dont ils étaient les proches parents, ne furent pas tentés de s'affranchir des devoirs de vassalité envers l'empire. Il en fut de même du comte Hugues de Châlon, époux d'Alix de Méranie. Il faut arriver à leur fils Othon IV pour voir reparaître des contestations au sujet de cette vassalité.

Du vivant de ce prince, le comté, avons-nous dit, avait été repris de fief par Philippe le Bel au nom de ses enfants encore mineurs, Philippe et Jeanne. Cet exemple de soumission féodale, venant de si haut, fut suivi par leurs successeurs. Un de ceux-ci, la comtesse Marguerite de Flandre, déjà en possession du comté, au lieu de trouver un protecteur dans le chef de l'empire, Charles IV, se vit à la veille d'être dépouillée de l'héritage de sa mère, la reine Jeanne. Ce prince, désireux de plaire à son neveu, le roi de France Charles V, et dans le dessein de se faire payer cette faveur, donna, en 1368, l'investiture du comté au frère de ce roi, Philippe le Hardi, duc de Bourgogne. Pour justifier une pareille mesure, l'empereur alléguait que le comté était un fief masculin, non transmissible aux femmes et dont, à cause de la vacance, il restait libre de disposer à son gré. Cette allégation était des plus mal fondées, car on ne pouvait ignorer que ce fief de l'empire avait été successivement possédé par cinq femmes restées uniques héritières de leurs pères.

Quoi qu'il en soit, le duc de Bourgogne, sans être arrêté par les droits incontestables de la comtesse Marguerite, se mit en mesure de faire valoir ses prétentions sur le comté ; et comme il n'y avait que la guerre qui pût lui en offrir le moyen, il ne tarda pas à l'entreprendre. Mais la comtesse s'y était préparée ; soutenue par l'amour de ses fidèles sujets et par les sacrifices que cet amour leur inspirait, elle se défendit avec énergie et avec succès.

Malgré cela, la guerre aurait pu durer longtemps si le roi de France, Charles V, n'eût décidé son frère Philippe à ne pas donner suite à l'investiture impériale. Il sentait bien que le bon droit était du côté de la comtesse palatine, mais il voyait surtout que l'ambition déplacée de son frère allait compromettre d'une manière irrémédiable un plan bien autrement avantageux, celui de faire épouser au jeune duc la petite-fille de la palatine, Marguerite, fille de Louis de Male, comte de Flandre, une des plus riches héritières de ce siècle, car sa dot se composait des comtés de Bourgogne, de Flandre, d'Artois, de Nevers et de Rhétel.

Ce mariage se fit en 1368, et rendit le duc le plus puissant feudataire de la couronne de France et en même temps l'un des plus grands princes de l'empire. Il devint presque l'égal du roi et même de l'empereur, lorsque, à ces grandes possessions, vinrent s'en ajouter d'autres encore plus grandes sous les ducs ses successeurs : possessions qui comprenaient à peu près les royaumes actuels de Belgique et de Hollande, pays réputés alors les plus riches de l'Europe. On comprend que les contemporains de ces princes, étonnés et émerveillés devant une fortune si extraordinaire, aient appelé ceux qui en étaient favorisés « *les grands ducs d'Occident.* »

La comtesse Marguerite avait fait hommage à ce même Charles IV, en 1378, « *de ce qu'elle tient et doit tenir de ce* » *monarque à cause de l'empire dans le comté de Bourgogne* » *et pour cause d'icelui, ainsi que ses prédécesseurs l'ont et dû* » *faire* (1). » Les ducs de Bourgogne, ses successeurs, reconnurent également la suzeraineté impériale sur le comté, et le duc Jean sans Peur en fit reprise de fief en 1416, à Calais, où il se trouvait avec l'empereur Sigismond et le roi d'Angleterre.

Ce n'était pas seulement pour la Franche-Comté que les comtes-ducs de Bourgogne étaient vassaux de l'empire, ils l'étaient encore pour la plupart de leurs possessions des Pays-Bas. Leur puissance les mettait à l'abri de celle de l'empereur en obligeant ce prince à des ménagements envers eux, alors même qu'ils se montraient vassaux peu soumis. D'autre part, la branche cadette de la maison de Bourgogne-Comté avait cessé ses intrigues et ses révoltes d'autrefois, ainsi que toute ambition de rivalité avec des comtes aussi puissants. Voici, du reste, un fait qui vient à l'appui de ce que nous disons.

L'empereur Sigismond se trouvant profondément irrité contre le duc Philippe le Bon, qui détenait en prison René

______

(1) Archives de la préfecture du Doubs et *Mémoire sur Poligny*, tome Ier.

d'Anjou et l'empêchait d'aller prendre possession du duché de Lorraine, recourut à une mesure extrême, ce fut d'investir Louis de Châlon-Arlay, prince d'Orange, du comté de Bourgogne, à titre de fief vacant. Toutefois, cette investiture n'était faite que par simples lettres impériales, l'empereur n'ayant pas osé en saisir la diète et prononcer la mise au ban de l'empire. C'était, dans tous les cas, se méprendre étrangement sur la puissance réelle du rival qu'il voulait ainsi opposer au duc de Bourgogne.

En effet, à supposer même que cette déchéance eût revêtu les formes légales, elle n'aurait pu être suivie d'exécution ; l'empereur ne se serait pas senti assez fort pour exécuter lui-même sa sentence, et aucun des princes de l'empire n'aurait voulu s'en charger. Quant à Louis de Châlon, il était encore moins capable que tout autre de rien entreprendre contre le duc, son suzerain. On le vit donc se hâter de consentir, en 1438, après la mort de Sigismond, à l'annulation des lettres impériales « *touchant*, est-il dit, *l'administration, le don et le transfert qui lui avaient été faits du comté de Bourgogne.* » Il répondit au duc, qui lui demandait que ces lettres fussent déchirées devant lui, « *qu'elles avaient été obtenues à son insu, qu'il les avait trouvées dans ses papiers et que, dans sa surprise, il les avait jetées au feu* (1). »

Sa réponse cachait mal la vérité ; mais l'essentiel, pour le duc, était que ces lettres n'existassent plus et qu'il n'en fût plus question. Elles avaient, du reste, passé tellement inaperçues dans l'empire, qu'à la mort de Sigismond, en 1437, les électeurs firent offrir la couronne impériale à Philippe le Bon, qui la refusa, comparant sans doute, dans son esprit, le rôle effacé d'un souverain électif au pouvoir presque absolu qu'il exerçait dans ses Etats héréditaires.

---

(1) *Essai sur l'histoire de la Franche-Comté*, par le président CLERC, tome II.

Son successeur fut Charles le Téméraire, son fils, un de ces princes dont l'ambition sans bornes, déréglée, et une incomparable présomption attirent sur leurs peuples un déluge de maux, dans lesquels eux-mêmes restent finalement noyés, ensevelis. Ce prince, d'abord ami de l'empereur, auquel il avait fait hommage à Trèves du comté de Bourgogne, en devint ensuite l'ennemi dès qu'il eut perdu l'espoir d'en obtenir le titre renouvelé de *roi de Bourgogne*. Il avait assez, sans celui-là, d'ennemis déclarés ou secrets : Louis XI, les Suisses, l'archiduc Sigismond, les princes de l'empire, le duc de Lorraine. Avec autant d'ennemis sur les bras et surtout avec l'obstination de son caractère, qui était le plus dangereux de ses ennemis, le duc Charles marcha vite à sa perte, que lui amenèrent des revers, des désastres inouïs, où s'engloutirent ses armées, ses trésors et sa vie.

A sa mort, en 1477, une grande succession devenait vacante ; son partage était tout indiqué par la loi qui régissait les fiefs. Le duché de Bourgogne faisait retour à la France comme fief masculin et comme apanage de la couronne non transmissible aux femmes. De leur côté, la Flandre et l'Artois, quoique relevant de la France et pouvant, à ce titre, être considérés comme fiefs masculins, offraient néanmoins des cas, des exemples, où les femmes en avaient hérité à défaut d'héritiers mâles issus directement du dernier comte, comme cela était arrivé dans l'Artois, où la comtesse Mahaut, épouse du comte palatin Othon IV, l'avait emporté sur les prétentions du fils de son frère défunt. Quant au comté de Bourgogne et aux autres possessions comprises dans la Belgique et la Hollande actuelles, il n'y avait aucun doute à avoir à leur égard, c'étaient bien et dûment des fiefs féminins relevant de l'empire et devant rester à la duchesse Marie.

C'était de cette façon que devait s'entendre la loi ou coutume régissant les fiefs. Mais, sur la fin du xv⁰ siècle, la vieille organisation de la féodalité s'en allait mourante, accablée sous les coups de plus en plus forts du pouvoir royal, qui rompait, à son profit, tous les liens féodaux les uns après les autres, et mettait tantôt la ruse, tantôt la force ouverte au service de son ambition.

Telle était la politique de la cour de France sous le roi Louis XI; la duchesse Marie en fit la cruelle expérience. La mort de son père l'avait laissée, pour ainsi dire, abandonnée à elle même, sans armées pour la défendre, réfugiée en Flandre au milieu d'un peuple toujours disposé à la révolte, entourée de princes dont les uns convoitaient sa main et la plupart une partie de son héritage.

La conduite de Louis XI à son égard ne fut qu'un odieux tissu de mensonges, de perfidies et d'injustices. Il se hâta de prendre possession du duché de Bourgogne comme fief vacant faute d'hoirs mâles, et fit occuper le comté par ses troupes au nom et dans l'intérêt de la jeune duchesse, qu'il se proposait, disait-il, de marier à son fils le Dauphin, enfant de six à sept ans. Un âge aussi tendre et celui de Marie, qui avait vingt ans, ne permettaient guère de penser sérieusement à cette union. Mais peu importait au roi; toute la question pour lui était d'avoir un prétexte qui pût colorer son occupation de la Franche-Comté, sauf plus tard à vouloir s'y maintenir à titre de conquête.

Cette princesse aurait pu épouser un prince de la maison de France, Charles d'Angoulême, père de François Ier, mais le roi s'y opposa, tant il craignait de voir renaître, avec ce prince, la rivalité d'une seconde maison de Bourgogne. Mais en cela, il fut mal servi par la finesse et la prévoyance dont il se croyait doué. Au lieu du mal qu'il comptait prévenir, il en naquit un plus grand, qui, à lui seul, fit courir à la France un péril extrême, d'une durée de près d'un siècle et demi.

L'époux de la duchesse Marie fut un prince de la maison d'Autriche, l'archiduc Maximilien, fils de l'empereur d'Allemagne. Cette maison était déjà puissante autant par ses Etats héréditaires que par la couronne impériale dont elle disposait; mais ce brillant mariage vint mettre le comble à sa haute fortune en lui assurant une puissance comme aucune maison souveraine n'en avait encore possédé depuis Charlemagne. A la succession de Bourgogne devaient se joindre un jour les couronnes d'Espagne et de Naples et la possession de la plus grande partie de l'Amérique.

Une plus sage politique que celle de Louis XI inspira le mariage de Charles VIII avec Anne de Bretagne; ce qui ne put se faire, toutefois, qu'en renonçant au mariage avec la jeune archiduchesse Marguerite et en faisant rompre celui de Maximilien avec cette même héritière de Bretagne. C'était humilier doublement la maison d'Autriche et s'en faire une ennemie. Mais l'inconvénient ou plutôt le mal n'eût-il pas été plus grand si l'on eût laissé cette puissance s'établir en Bretagne et étendre ainsi ses frontières à l'ouest, alors qu'elles étaient déjà si étendues au nord de la France? Un mal non moins grand, c'eût été l'ouverture des ports de la Bretagne aux vaisseaux anglais lors d'une guerre trop possible de l'Autriche et de l'Angleterre contre la France.

Nous voici donc en Franche-Comté avec une nouvelle maison allemande — la troisième après celles de Souabe et de Méranie. Déjà, avant elle, les comtes-ducs de Bourgogne y avaient fait disparaître le plus criant des abus de la féodalité : les guerres privées des seigneurs. L'ordre public y était respecté et la justice rendue par le parlement, cette création des anciens souverains du comté. Les nouveaux n'avaient donc qu'à continuer cette œuvre de progrès en adoptant une politique de nature à ménager une province séparée de leurs autres possessions, et qui attirait toujours les regards de la France. Il fallait retenir ce peuple sous leur autorité, mais seulement de façon à la lui faire sentir le moins possible : sa raison et le sens pratique qu'il avait de ses intérêts le rendaient aisément gouvernable.

Ce but pouvait être difficile à atteindre, attendu l'absolutisme, qui commençait à prévaloir dans les monarchies de ce temps-là ; et pourtant ces princes l'atteignirent pleinement en abandonnant l'administration du pays aux mains du parlement, des états généraux et du gouverneur de la province, et même de l'archevêque. Si jamais gouvernement fut national et vraiment paternel, ce fut assurément celui-là : aussi l'auteur du *Siècle de Louis XIV* a pu dire « *que l'amour des Franc-Comtois pour la maison d'Autriche* » *s'était conservé pendant deux générations, mais que cet* » *amour était au fond celui de leur liberté.* »

La Franche-Comté ainsi que les Pays-Bas étaient placés sous la suzeraineté impériale, avons-nous dit plus haut ; mais ce lien, si relâché depuis des siècles, n'étant pas jugé assez fort pour les rattacher solidement à l'empire, Maximilien Ier créa, en 1512, à la diète de Cologne, quatre nouveaux cercles, dont l'un devait comprendre toutes les possessions de l'ancienne maison de Bourgogne, le duché excepté, qui appartenait à la France. On lui donna le nom de *Cercle de Bourgogne*. Cette création fut ensuite renouvelée et confirmée à la diète d'Augsbourg, en 1548, par l'empereur Charles-Quint.

Les obligations du nouveau cercle comprenaient sa participation aux charges de l'empire, moyennant lesquelles il devait être protégé et défendu par le corps germanique. Mais cette dernière condition fut toujours mal remplie, non pas tant par la faute de l'empereur et de l'empire que par l'impossibilité où ils se trouvaient de pouvoir le secourir.

Pour sa part, la Franche-Comté eut à subir — sans qu'aucun secours lui vînt de l'empire — d'abord, l'invasion de Henri IV, puis le poids écrasant de la guerre de Trente ans, enfin les deux conquêtes de Louis XIV. Elle n'était pourtant pas oubliée dans la répartition des charges de l'empire, puisqu'en 1664, la diète la taxa à 50,000 florins de contribution pour aide dans la guerre contre les Turcs ; cette somme fut acquittée en très grande partie [1].

Quatre ans avant la création du Cercle de Bourgogne par l'empereur Maximilien, sa fille Marguerite, gouvernante des Pays-Bas et de la Franche-Comté, avait imaginé une mesure bien autrement avantageuse à notre province, c'était un traité ou pacte de neutralité conclu à Saint-Jean-de-Losne, vers la fin d'avril 1508, entre l'Autriche et la France. Cet acte, que l'empereur n'avait point encore ratifié, le fut définitivement le 28 août 1512 ; il comprenait la neutralité des deux Bourgognes et de la Champagne. Les puissances signataires s'interdisaient réciproquement toute agression de l'une contre l'autre par ces provinces ainsi neutralisées. Ce traité fut renouvelé à diverses reprises par la médiation du Corps helvétique.

En se prêtant ainsi à ménager cette neutralité, les Suisses ne faisaient qu'obéir à leur intérêt, qui s'accommodait mieux du voisinage de l'Autriche, établie au loin dans les Pays-Bas, que de celui trop immédiat de la France. Cette considération était d'un assez grand poids pour suffire à elle seule à leur faire appuyer le maintien et le renouvellement de cette neutralité. Mais leur soif de l'or et leur habitude de vénalité en décidèrent autrement ; ils trouvèrent moyen de se faire payer le service qu'ils auraient dû rendre gratuitement.

Le parlement et les états généraux de la province comprirent bien vite le genre d'argument ou de stimulant qu'il fallait employer pour agir sur l'esprit de leurs *bons voisins et amis* : ce fut au moyen d'un don annuel de 400,000 fr.

---

[1] Documents inédits de l'Académie de Besançon, tome I. A la diète impériale de 1667, le Cercle de Bourgogne fut représenté par deux Franc-Comtois, l'un et l'autre conseillers au Parlement de Dole : Humbert de Précipiano et Claude-Antoine Philippe, seigneur de Purgerot.

Mais les services rétribués cessent d'être rendus dès que se retire la main qui les paie, ou dès qu'une autre main se présente avec plus d'argent. C'est ce qui arriva lorsque Louis XIV, répandant l'or avec profusion, obtint des Suisses de ne plus insister sur le respect et le renouvellement de la neutralité, et dut à cette manœuvre de n'être pas troublé dans sa facile conquête de 1668.

On a pu voir, par tout ce qui précède, ce qu'a été la suzeraineté germanique en Franche-Comté et juger si elle a été exercée d'une façon oppressive. Ce serait à le croire cependant, d'après M. Funck-Brentano et d'autres auteurs, qui nous disent qu'au temps de Philippe le Bel, « les Franc-Comtois étaient fatigués de la domination allemande; » mais ils ne nous disent pas en quoi et comment cette prétendue domination, qui n'était après tout que le droit de suzeraineté, était réellement *fatigante*. La vérité est que si elle pouvait fatiguer ou gêner quelqu'un, ce n'était assurément que le roi Philippe le Bel, dont elle contrecarrait les plans imaginés pour dépouiller de ses Etats le comte palatin Othon IV. Elle gênait également ce comte, qui se trouvait obligé, malgré lui, de ménager les droits et le ressentiment de son suzerain.

Mais cette domination, qualifiée à tort de *fatigante*, doit-elle s'entendre de nos trois comtes d'origine allemande, portant le nom d'Othon? Nous ne le pensons pas, leur histoire s'y oppose; ce qu'ils ont été et ce qu'ils ont fait nous les montrent administrant pour ainsi dire leur comté depuis l'Allemagne, où ils résidaient presque habituellement, et, partant, l'administrant mal. Ce n'était pas leur origine allemande qui leur était reprochée et dont on leur fit un grief; n'étaient-ils pas, d'ailleurs, issus par les femmes de la branche aînée de la maison de Bourgogne et ses héritiers directs? Cette origine n'avait nui en rien à l'empereur Frédéric, qui avait été aimé des Franc-Comtois, pas plus quelle ne nuisit plus tard à la maison d'Autriche, qui resta populaire en Franche-Comté comme le fut à Montbéliard celle de Wurtemberg.

Il en eût été de même des deux Méraniens si les circonstances les plus fâcheuses n'étaient venues à la traverse de leurs règnes. Mais leur absence habituelle du comté, leurs imprudentes aliénations du domaine comtal, qui les appauvrirent, la rivalité des sires de Châlon, qui enfanta la guerre civile, et surtout la gardienneté du comté confiée par eux, d'abord au comte de Champagne, ensuite au duc de Bourgogne, toutes ces causes réunies, agissant ensemble, finirent par leur aliéner le cœur des populations, qui se virent administrées et sans doute pressurées par des princes étrangers, créanciers de leurs comtes. L'humiliation et le dépit qu'elles en éprouvèrent leur firent accueillir avec indifférence et sans regrets la mort d'Othon III (1), mais avec joie le mariage de sa sœur Alix, son héritière, avec Hugues de Châlon : alliance destinée à mettre fin à la lutte séculaire des deux branches de la maison de Bourgogne.

Les Franc-Comtois avaient bien quelque droit d'espérer que leurs nouveaux maîtres — la famille indigène des Châlon — résideraient désormais au milieu d'eux. Il ne pouvait leur venir à l'idée, après l'expérience du passé, que le fils de ce même comte Hugues — Othon IV — ferait un jour pour la France ce que les trois Othon avaient fait pour l'Allemagne, c'est-à-dire qu'il ferait de la France son pays de prédilection et qu'il y mourrait.

Revenons encore aux empereurs d'Allemagne et voyons si, en dehors de leur droit restreint de suzeraineté, ils exerçaient par extension, comme chefs de l'empire, une autorité quelconque sur la Franche-Comté. On ne la voit point, cette autorité, intervenir dans nos villes, à l'exception toutefois de Besançon ; avant comme après leurs chartes

---

(1) Othon III mourut assassiné au château de Niesten, en Franconie, au mois de juin 1248.

de franchises, elles n'avaient pas plus affaire à l'empereur que ne l'avaient, de leur côté, les villes provinciales de l'empire. Celles-ci, comme celles du comté, dépendaient de leurs princes ou seigneurs particuliers et faisaient partie de leurs domaines ; c'était, du reste, à l'initiative et à la libéralité de ces derniers qu'elles devaient leurs franchises communales, quand elles en avaient.

Si l'autorité impériale devait laisser les villes du comté en dehors de son action, il en était de même, à plus forte raison, des populations rurales, alors presque toutes courbées sous le joug du servage. L'empereur ne les opprimait pas plus qu'il ne les protégeait ; elles restaient à la merci de leurs seigneurs, qui, le plus souvent, les accablaient d'exactions et en faisaient impunément les victimes de leurs guerres privées.

En Allemagne, du moins, grâce à la présence du chef de l'empire, de pareils maux et de plus grands encore trouvaient quelquefois leur remède, c'était seulement lorsque l'empereur avait la puissance et l'énergie d'un Rodolphe de Habsbourg. Alors il employait la force pour contraindre au respect de l'ordre et de la paix publiques ces seigneurs turbulents et pillards, qui se battaient entre eux, qui rançonnaient les habitants des campagnes, arrêtaient sur les routes les voyageurs et les marchands, établissaient indûment des péages et se livraient à toutes sortes d'excès.

Dans le comté, quand se produisaient ces mêmes excès, on ne savait à qui recourir ; les comtes, jusqu'à l'avènement des ducs de Bourgogne, avaient assez à faire de se maintenir contre les hauts barons, et l'empereur était trop loin ou trop occupé ailleurs pour que les plaintes des Comtois pussent arriver jusqu'à lui.

Les Comtois ne pouvaient donc être *fatigués* d'une domination aussi platonique, qui ne s'exerçait à leur égard ni en bien ni en mal. A Besançon, au contraire, l'autorité impériale s'était montrée tout d'abord très hostile et très opposée aux efforts des habitants pour se soustraire à la domination temporelle de l'archevêque. Une faveur seulement leur avait été accordée par l'entremise de l'empereur Frédéric Barberousse, c'était l'abolition de la mainmorte pour ceux des habitants de la ville appelée le *Bourg*, dont la succession devait échoir au prélat lorsque, à leur décès, ils ne laissaient pas de postérité.

L'établissement de la commune fut l'œuvre de près d'un siècle. Il eut naturellement pour ennemi l'archevêque, qui lui opposa ses excommunications et celles du pape et — ce qui était plus défensif — l'intervention de l'empereur. La fidélité du prélat comme vassal de l'empire paraissait alors plus sûre que celle d'une démocratie trop souvent turbulente et peu soumise.

La force manquant à la ville pour arriver seule à son affranchissement, elle chercha un appui et des alliés de tous côtés, près du comte de Bourgogne, près des princes de la maison de Châlon, près de quelques nobles du comté, près du roi de France. Il lui fallut près d'un siècle, avons-nous dit, pour que sa persévérance et ses efforts lui valussent enfin sa liberté et la fissent ranger au nombre des villes impériales (1290). Dès lors, elle devint la protégée des empereurs et son attachement à l'empire se fit assez voir lorsqu'à la diète de Ratisbonne, en 1653, elle fut cédée par l'empereur à la couronne d'Espagne en échange de la ville de Frankenthal, que cette puissance devait rendre à l'électeur palatin. Elle résista longtemps à cette mesure et ne s'y résigna enfin qu'en se faisant accorder les meilleures conditions d'annexion au comté.

En dehors de la ville impériale de Besançon et de son archevêque, devenu prince du Saint-Empire, il y avait encore d'autres principautés immédiates : d'abord le comté de Montbéliard, ensuite les trois seigneuries ecclésiastiques de Lure, Luxeuil et Saint-Claude. C'est à propos de ces abbayes princières que l'on se rend plus aisément compte de ce que signifiait et valait alors la domination allemande, censée exercée directement par l'empereur. On sait que ces abbayes devaient leur indépendance et leur immédiateté à Othon le Grand, vers 940.

Ce prince et ses premiers successeurs furent pour elles de puissants protecteurs ; mais quand vint le déclin de l'empire, la faveur impériale ne se traduisit plus guère que par des diplômes confirmant de nouveau leurs anciens droits et privilèges. Quant à les défendre contre des voisins toujours portés à usurper leurs terres et à violenter leurs sujets, les empereurs se montrèrent impuissants tant à empêcher qu'à réprimer le mal qu'on leur faisait.

A Luxeuil, la garde de l'abbaye fut confiée par l'empereur Henri VI au comte palatin de Bourgogne. Après lui, l'abbé et les religieux, abandonnés de fait par l'empire, choisirent successivement pour gardiens le comte de Bar, puis celui de Champagne, enfin le duc de Bourgogne. Il perdirent leur immédiateté sous Charles-Quint, qui traita avec eux en 1535 et réunit leur seigneurie à la Franche-Comté.

A Lure, l'abbaye, ne pouvant plus être protégée directement par l'empereur, trouva des gardiens dans les comtes de Dagsbourg, d'Egisheim, de Ferrette, dans les archiducs d'Autriche. Rodolphe de Habsbourg l'avait autorisée à choisir elle-même son avoué ou gardien. Un fait qui prouve jusqu'à quel point s'était relâché pour elle le lien féodal, c'est que ses abbés laissèrent passer tout le xiv° siècle sans aller prendre l'investiture de leur fief. Il arriva finalement de cette seigneurie ce qui était arrivé de celle de Luxeuil, elle fut réunie à la province par Louis XIV en 1679.

A Saint-Claude, les diplômes, les confirmations de privilèges, tous les parchemins venus d'Allemagne, ne pouvant tenir lieu de la protection effective des empereurs, on fut obligé de recourir à des traités d'association ou pariage, à des inféodations de diverses parties du domaine de l'abbaye, dont il était prudent de sacrifier une part pour sauver le reste. On traita à ce sujet avec les sires de Thoire et Villars, de Coligny, de Clairvaux, de Châlon-Arlay, avec le comte de Savoie et finalement avec le duc de Bourgogne. Celui-ci, plus puissant que les autres, mit la main sur la seigneurie et, sans se préoccuper autrement de l'empire, la réunit à son comté de Bourgogne en 1436.

Voilà comment finirent ces trois seigneuries. Créées et protégées d'abord par les empereurs, puis délaissées par eux et abandonnées à elles-mêmes, elles tombèrent forcément au pouvoir des comtes de Bourgogne, quand ces comtes étaient Philippe le Bon, Charles-Quint et Louis XIV. Il serait plus difficile de dire et encore plus de prouver que ces abbayes aient souffert de la domination impériale autrement que par l'abandon où elle les laissait quand il aurait fallu les secourir.

La domination allemande en Franche-Comté, une fois ramenée aux seules proportions qu'elle comporte, nous fait penser incidemment à une autre domination que l'on prétend avoir été exercée par l'Espagne dans notre province il y a plus de deux siècles, et qui pourtant n'y a jamais existé dans le sens propre qu'on attache à ce mot.

Pendant qu'au delà du Rhin, les Allemands semblent considérer les Franc-Comtois, sinon comme des frères du second lit, du moins comme des cousins issus de germains, peut-être encore comme des Allemands en rupture de ban, nous voyons, nous entendons parfois des étrangers, voire même des Comtois, se méprendre étrangement en attribuant à la domination de l'Espagne dans notre province une influence, une action qu'elle n'a jamais eue, et dont les effets cependant subsisteraient encore.

C'est ainsi qu'ils prétendent reconnaître quelque chose d'espagnol, pour dire le mot, dans le caractère franc-comtois, dans quelques-uns de nos usages, dans notre patois, enfin, dans certaines de nos constructions des XVIᵉ et xviie siècles. Sans croire encore à une immigration espagnole dans notre pays, ils s'ingénient à y retrouver des noms, des familles ayant cette origine. Qnant à l'architecture, l'Espagne ne nous a rien donné, ni pu donner; nos constructions anciennes tiennent du style bourguignon, quelques-unes peuvent rappeler le style flamand ; le palais Granvelle est dans le goût italien.

Ils allèguent encore, avec quelque hésitation toutefois, comme trait de ressemblance, ce fait qu'en Franche-Comté, au xviie siècle, on brûlait les sorciers pendant qu'en Espagne on brûlait les hérétiques, et ils concluent à un égal fanatisme de part et d'autre. Mais ils oublient qu'à cette même époque, en France, les bûchers s'allumaient également pour brûler les sorciers, sans que pour autant les Français fussent alors plus sorciers qu'ils ne le sont maintenant.

Au reste, le fait suivant peut nous montrer jusqu'à un certain point la différence qui existe entre les deux types ou caractères espagnol et franc-comtois. En 1840, lors de la défaite du parti carliste en Espagne et de l'entrée de ses bandes sur le territoire français, le gouvernement fit interner dans le *Doubs* les prêtres qui s'étaient compromis dans cette insurrection ou qui l'avaient servie comme aumôniers militaires. Il avait pensé qu'à cause de la prétendue domination espagnole dans notre pays, ces réfugiés y trouveraient un accueil plus sympathique.

La vérité est que l'archevêque et son clergé s'empressèrent de leur offrir une hospitalité qu'ils méritaient comme prêtres et comme exilés malheureux et dénués de tout. Mais cette vie commune dans les presbytères ne tarda pas à amener un certain refroidissement chez nos curés à l'égard de leurs hôtes et commensaux. Ce n'était pas faute, de leur part, d'avoir compris qu'il fallait user d'indulgence envers des hommes qui avaient l'esprit hanté des tristesses de l'exil et dont les habitudes se ressentaient encore de la vie des camps.

Mais si indulgents qu'ils fussent, ils voyaient, chez leurs hôtes, certains travers sur lesquels il était difficile de passer : d'abord un caractère susceptible et irritable à l'excès, ensuite les passions politiques poussées à l'extrême, enfin un genre tout particulier de dévotion, se manifestant extérieurement à l'église par des signes de croix répétés, par des prosternations et des baisements du pavé : toutes pratiques étrangères aux fidèles, qui ne s'expliquaient pas qu'on pût avoir dans le lieu saint une autre tenue que celle de leur curé et que celle qu'ils y portaient eux-mêmes.

A la fin, lorsque arriva, pour ces prêtres, la faculté de rentrer dans leur patrie, ce fut comme un soulagement pour leurs confrères franc-comtois. Sans doute — et nous en avons connu — il y avait, parmi ces réfugiés, des prêtres d'un caractère et d'un mérite supérieur, mais c'était bien le plus petit nombre. Après cette expérience du caractère espagnol prise sur le vif, nos bons curés n'auraient pas admis qu'on leur attribuât quelque chose de ce caractère sous prétexte d'une domination qui nous aurait *espagnolisés* il y a plus de deux siècles.

Quoi qu'il en soit, jamais domination ne s'est fait moins sentir que celle-là. Le comté n'était ni un fief ni une dépendance quelconque de l'Espagne ; il avait seulement en commun avec elle le même souverain, la même dynastie : c'était, entre eux, une union personnelle, comme celle du duché de Luxembourg avec la Hollande sous la maison d'Orange.

Le comté appartenait à la maison d'Autriche avant qu'elle héritât de la succession d'Isabelle et de Ferdinand le Catholique. Il restait toujours nominalement sous la suzeraineté de l'empire et faisait partie intégrante de son dixième cercle. D'ailleurs — et ceci est à retenir — l'Espagne n'y entretenait point de troupes pour le protéger et le défendre, pas plus, du reste, que pour y maintenir son autorité, point non plus de personnel administratif et judiciaire. Elle n'y percevait point d'impôts, mais les états de la province votaient au roi un don volontaire, gratuit, destiné par l'usage aux besoins de la défense du pays.

C'était donc le comté, comme nous l'avons déjà dit, qui s'administrait lui-même ; seulement, entre les deux conquêtes de Louis XIV, le cabinet de Madrid, obéissant à une assez maladroite inspiration, lui envoya successivement deux gouverneurs espagnols ; mais le court séjour qu'ils y firent leur apprit sans doute qu'il n'y avait rien, absolument rien, de l'Andalou ou du Castillan dans le caractère et les mœurs des Franc-Comtois. Le dernier de ces gouverneurs, don Francisco Gonzalès d'Alveyda, apprit en outre que sa qualité d'Espagnol, en d'autres termes d'étranger, loin d'aplanir les difficultés de son administration, n'avait fait au contraire que les aggraver et les rendre insurmontables.

Mais laissons là les Espagnols et revenons aux Allemands ; ceux-ci sont nos proches voisins et veulent bien s'occuper de la Franche-Comté dans leurs journaux, dans leurs livres et dans leurs cartes de géographie élémentaire. Il n'y a rien de comparable à leur mémoire ; elle est unique en son genre, elle remonte au plus vieux passé. Mais là où elle excelle, c'est à conserver, à entretenir pieusement leurs rancunes nationales, celle surtout qui se rattache au crime odieux du ministre Louvois, à l'incendie du Palatinat.

Ils n'ont pas oublié, nous raconte Henri Heine, la mort du malheureux Conradin, décapité par l'ordre du frère de saint Louis, Charles d'Anjou. Ils ont encore moins oublié la donation du vieux roi Rodolphe III et la création du dixième cercle de l'empire, auquel le comté de Bourgogne a donné son nom ; et un peu plus — s'ils ne réclamaient le tout, comme ils le font maintenant — ils nous redemanderaient la partie de l'ancienne Séquanie cédée autrefois à Arioviste, chef ou roi des Suèves.

Mais résumons notre exposé sur la mouvance du comté

de Bourgogne en disant qu'on a abusé du mot de *domination* en paraissant confondre la suzeraineté avec la souveraineté, deux choses pourtant essentiellement distinctes : la première ne donnant droit qu'à l'hommage du vassal, à sa reprise de fief et à l'aide en cas de guerre, et la seconde étant le plein exercice du pouvoir, avec toutes ses attributions politiques, législatives, judiciaires...., etc.

Que d'autres fiefs de l'empire aient subi, de la part des empereurs, une action, une autorité plus directe, plus entière, cela n'est pas douteux. Mais, encore une fois, il n'en a pas été de même pour la Franche-Comté ; son éloignement de l'empire, surtout dès qu'elle en fut séparée par la Suisse devenue indépendante, ainsi que les différences de races, de langues et de caractères la rendaient naturellement tout à fait étrangère à l'Allemagne.

Du reste, la vraie nature de cette mouvance et de ses effets a été appréciée comme elle méritait de l'être par M. Castan, lorsqu'il a dit, à propos de la donation du royaume de Bourgogne à l'empereur d'Allemagne : « La domination germanique, imposée aux terres bourguignonnes, fut toutefois des plus indirectes, le royaume étant décomposé en une multitude de petites souverainetés, qui ne se rattachèrent à l'empire que par la *formalité* de l'hommage [1]. » Nous retenons le mot de *formalité*, il exclut celui de domination dans le sens qu'on a voulu lui donner.

Et d'ailleurs, qu'est-ce que pouvait signifier le nom de Franche-Comté, sinon l'indépendance de fait du comté, son autonomie propre ? On ne donne pas un tel nom à un pays, on n'emploie pas une expression aussi catégorique sans qu'elle réponde à la réalité qu'on a en vue. Cette expression a donc trait à l'indépendance, presque exceptionnelle dans l'empire, dont a joui la province sous ses comtes particuliers et surtout sous les comtes-ducs de Bourgogne.

---

[1] *La Franche-Comté et le pays de Montbéliard*, par A. CASTAN.

La situation du comté en dehors de l'Allemagne, entre la France et la Suisse, tenait, pour ainsi dire, nos comtes isolés de l'empire, et, par le fait, les faisait jouir d'une liberté qu'ils n'auraient pas eue dans d'autres conditions. A cet avantage se joignait, toujours pour la même raison, celui de pouvoir se dérober aisément aux charges militaires, inhérentes à la nature du fief.

Sans doute, le nom de *Franche-Comté* n'implique pas, chez nos ancêtres, la possession des libertés de tout genre que s'étaient acquises les Suisses des petits cantons. Dans le comté régnait alors la féodalité, et, avec elle, les inégalités sociales, c'est-à-dire : en haut, la noblesse et ses privilèges ; dans la bourgeoisie, le régime des libertés communales ; dans les campagnes, les duretés du servage, la mainmorte réelle et personnelle. Un pareil régime n'étant pas différent de celui qui existait en France et dans tout l'empire, on ne peut pas dire que la population comtoise, dans son entier, était libre et franche à la façon des Suisses, ses voisins. Aussi le nom de Franche-Comté doit-il s'entendre du genre d'indépendance dont nous venons d'expliquer les causes et l'origine.

Ce fut cette situation du comté à l'égard de la suzeraineté germanique, devenue de plus en plus nominale, qui donna sans doute l'idée au roi Louis XI de se servir du nom de Franche-Comté appliqué au comté de Bourgogne. Ce nom, jusque alors inusité, ne se trouve que dans une charte de la comtesse palatine, Marguerite de Flandre, datée de Conflans-lez-Paris, le 27 juin 1336. Il en est fait mention à propos d'un certain nombre de communes faisant actuellement partie des cantons de Vercel, Ornans, Amancey, Montbenoît et Pierrefontaine. En employant ce nom, cette désignation nouvelle, Louis XI croyait sans doute justifier son occupation du comté, réputé, selon lui, sans suzerain ou presque sans suzerain.

En finissant cette petite étude historique, il ne sera pas

hors de propos, pensons-nous, de la faire suivre de quelques réflexions sur la politique toute d'ambition de la maison de Hohenzollern, politique que la France, à deux reprises dans son histoire, a commis la faute d'appuyer, croyant par là servir ses propres intérêts.

On parle beaucoup de l'ambition de la Prusse, mais cette ambition va devenir et devient déjà celle du nouvel empire. Les aspirations allemandes vont jusqu'à revendiquer les provinces de France qui ont été autrefois plus ou moins vassales ou dépendantes du saint-empire germanique, et elles les revendiquent au nom de ce qu'on appelle, dans les universités allemandes, le *Droit historique de l'Allemagne*.

Voici, du reste, un fait qui corrobore jusqu'à un certain point ce que nous venons de dire. On connaît l'*Italia irredenta*, il faut connaître aussi la *Germania irredenta*; celle-ci est la plus à redouter des deux. Le fait dont nous voulons parler se rapporte à la malheureuse guerre de 1870-1871.

Pendant cette guerre, le département de la Haute-Saône fut envahi et occupé par l'ennemi dès le mois d'octobre 1870 et rattaché, pour son administration, au gouvernement de la Lorraine, qui avait à sa tête M. de Bonin. Nous eûmes à loger à M. un commandant prussien, homme de bonne éducation, très instruit et parlant parfaitement le français.

Il y avait dans sa chambre une vieille carte de l'ancien empire germanique, dressée par J.-B. Homann, élève du géographe J. Hubner, et membre de la société royale de Prusse; elle était destinée à l'usage de la jeunesse : *ad usum juventutis*, y est-il dit.

Cette carte comprenait, dans les limites de l'empire, l'Alsace, la Lorraine et la Franche-Comté; cet officier nous le fit observer en nous disant : « Voilà des pays qui apparte-
» naient autrefois à l'Allemagne ; il faudrait maintenant
» les recouvrer. L'annexion de la Franche-Comté aurait
» surtout cet avantage pour l'empire d'enserrer tellement

» la Suisse — cette autre terre allemande — qu'elle serait
» forcément amenée à se fédéraliser avec lui. Cet accrois-
» sement de forces aidant, l'Allemagne tiendrait tête à tous
» ses ennemis et servirait efficacement et résolument de
» barrière à l'ambition moscovite, qui menace, au moins
» pour l'avenir, l'indépendance de l'Europe. »

Voilà ce que pensait et disait cet officier, et sans doute il
n'était pas le seul Allemand à penser ainsi. Mais voici
quelque chose de plus positif et de plus formel sur l'ambition dont seraient susceptibles les Allemands s'il leur arri-
vait un jour d'être réunis en un seul corps de nation — ce
qui est à peu près le fait actuel, grâce au nouvel empire.
Citons à cet effet le passage suivant, tiré du premier vo-
lume des œuvres politiques du comte de Hertzberg, ministre d'Etat de Frédéric II et principal auteur de la paix
de Hubertsbourg en 1763 :

« La conservation de ce système (l'auteur veut parler
» de la constitution de l'ancien empire romain germanique)
» est non seulement intéressante, mais même essentielle
» au reste de l'Europe. L'empire germanique, placé au
» centre de ce continent, tel qu'il est composé et gouverné
» présentement (1), paraît créé par la nature pour tenir la
» balance dans cette partie du monde et pour y empêcher
» toute subversion de l'équilibre entre les autres puissances
» et toute révolution trop grande et dangereuse à la sûreté
» et à la liberté générales.

» Si, au contraire, la Germanie était gouvernée par un
» seul souverain despotique et ambitieux, il ne lui serait
» pas impossible, à la tête d'une nation aussi guerrière et
» la plus nombreuse de l'Europe, d'étendre sa puissance de
» plusieurs côtés à la faveur d'un nombre de prétentions
» plausibles, de rompre ainsi l'équilibre des nations et d'ef-

---

(1) L'auteur écrivait en 1783. Voir sa dissertation sur les révolutions des
Etats, et particulièrement sur celles de l'Allemagne.

» fectuer les plus grandes révolutions. On peut espérer pour
» le bien de l'humanité que ce cas n'arrivera *plus* (1). »

On peut se demander comment il s'est fait, avant comme
après ce ministre prussien, que la politique française n'ait
pas eu, au degré où il aurait fallu l'avoir, la prévision ou
seulement l'intuition du danger que pouvait faire courir à
l'équilibre européen, sous un prince ambitieux et entrepre-
nant, la formation de l'unité allemande.

C'est pour avoir trop regardé du côté de l'Autriche et pas
assez du côté de la Prusse; c'est pour avoir toujours compté
sur les divisions du corps germanique et sur la facilité de
rattacher une partie de ses membres à l'alliance française,
qu'il nous a été donné de voir, de nos jours, une puissance
allemande, dont on ne se défiait pas et dont on encoura-
geait même l'ambition, s'emparer, grâce à ses victoires sur
l'Autriche, de l'hégémonie sur toute l'Allemagne et fonder
un nouvel empire.

Pour expliquer l'étrange surprise qu'a causée un événe-
ment aussi imprévu, il faut se reporter à la grande lutte,
à la rivalité séculaire qui a existé, aux xvie et xviie siècles,
entre nos rois et la maison d'Autriche. Nous y verrons les
fautes qui ont amené, d'une part, la puissance actuelle de
la Prusse, et, de l'autre, la déchéance temporaire, — espérons-le, — de notre patrie. Depuis Charles-Quint jusqu'au
traité de Westphalie, la politique française avait dû cher-
cher l'abaissement de la maison d'Autriche, dont l'ambition démesurée et la grande puissance avaient failli tant de
fois mettre en péril l'existence même de la France.

Mais la guerre de Trente ans avait eu raison de cette
exagération et de cet abus de puissance, à ce point même
que, au congrès de Munster, la France et la Suède avaient
été déclarées garantes de la paix et défenseurs des libertés

---

(1) L'espérance que ce danger *n'arrivera plus* a trait au souvenir des
invasions germaines, qui ont ébranlé puis détruit l'empire romain, et dont
il a parlé précédemment.

dû corps germanique. L'empereur avait dû se résigner à subir cette étrange dérogation aux droits de la couronne impériale ; mais, du moins, aucune nécessité de ce genre ne devait imposer à l'un des successeurs de Ferdinand III, à l'empereur Léopold Ier, l'acte imprudent par lequel il accorda à l'électeur de Brandebourg le titre de roi de Prusse, l'élevant ainsi au-dessus de tous les princes de l'empire, jusque alors ses égaux.

Une pareille imprudence fut vivement sentie par le prince Eugène de Savoie, qui s'écria, en l'apprenant : « L'empereur devrait faire pendre les ministres qui lui ont » donné un conseil aussi perfide. » Quarante ans plus tard, en effet, les prévisions du prince se trouvaient justifiées : le roi de Prusse enlevait à la petite-fille de cet empereur, l'archiduchesse Marie-Thérèse, une de ses plus belles provinces, la Silésie.

Les forces et l'ambition de la maison d'Autriche, surtout depuis l'extinction de la branche espagnole, ayant cessé d'être un danger pour l'équilibre européen, il n'y avait plus lieu de continuer à son égard la politique de Richelieu et de la tenir en perpétuelle suspicion ; mais cette politique était tellement entrée dans les habitudes du gouvernement français et jugée si conforme à ses intérêts, qu'on crut en faire un des emplois les plus judicieux en s'unissant à la Prusse, au mépris de la garantie donnée par la France à la pragmatique sanction de Charles VI, pour dépouiller sa fille d'une partie de ses Etats héréditaires.

Cette guerre, impolitique autant que mal conduite, ne procura au cabinet de Versailles aucun des avantages qu'il s'en était promis ; mais elle valut à son allié de Berlin la conquête et la possession de la Silésie. La France avait ainsi, suivant l'expression populaire, *travaillé pour le roi de Prusse.* Toutefois, si on s'était borné à ce *seul travail,* la faute en serait depuis longtemps effacée ; mais la fatalité a voulu que, de nos jours, le second empire passât outre aux leçons du passé et recommençât cette faute dans des proportions qui ont dépassé toute mesure.

. . . .

Mais arrêtons-nous là. Le souvenir des derniers événements pèse d'un poids écrasant sur tous les cœurs français. Méditons plutôt, avec profit, l'enseignement patriotique qui en découle et rappelons-nous, pour ne plus recommencer, que c'est nous-mêmes qui avons, par imprévoyance, donné ou laissé prendre à nos ennemis les forces qu'ils ont ensuite employées contre nous. Puissions-nous enfin fermer l'ère néfaste de nos révolutions et ne plus exposer notre vie nationale à des épreuves qui épuisent toute sa sève.

Espérons qu'il en sera ainsi et qu'après un siècle de tourmentes révolutionnaires, il s'établira en France un régime politique qui saura faire durer l'un à côté de l'autre, en se respectant et se soutenant mutuellement, *l'autorité et la liberté*. Voilà deux siècles qu'un pareil régime rend l'Angleterre forte et prospère ; pourquoi n'en adviendrait-il pas ainsi de la France ? Encore une fois, espérons-le : si la foi sauve, l'espérance soutient et fait vivre.

BESANÇON. — IMPRIMERIE DE PAUL JACQUIN.

www.ingramcontent.com/pod-product-compliance
Lightning Source LLC
Chambersburg PA
CBHW051320060726
47596CB00004B/1398